Maria-Regina und Michael Altmeyer

DAS BUCH VOM FILZ

Gartenstecker
Fingerpuppen
Handpuppen
Spielfiguren
Tischdeko
Greiflinge
Mobiles

frechverlag

Drachen

(Abbildung Seite 1)

Herbstzeit ist Drachenzeit. Diesen bunten Drachen können Sie in Ihrer Wohnung steigen lassen.

Material:

- *Filz in mehreren Farben*
- *Rotes Satinband*
- *Blauer Pluster-Pen*

Die Drachenform mit Bügelvlies verstärken und ausschneiden.
Die Augen und die Pupillen jeweils doppelt und die Nase einfach anfertigen (mit Bügelvlies).
Für die Schwanzschleifen kleine Filzrechtecke mit den Maßen 5 cm x 2,5 cm zuschneiden.
Die drei Schleifen am Drachenkopf bestehen jeweils aus zwei Teilen, die zusätzlich mit Vlies hinterbügelt werden.
Ein cirka 30 cm langes, farbiges Satinband am unteren Drachenende unterlegen und den Drachen auf eine zweite Filzlage aufbügeln.
Die Konturen ausschneiden, dabei darauf achten, das Satinband nicht durchzutrennen.
Augen, Pupillen und Nase plazieren und aufbügeln. Beidseitig die Kopfschleifen fixieren.
Nun am Schwanz in gleichmäßigen Abständen die kleinen bunten Filzrechtecke anbringen.
Dazu die rechteckigen Filzstücke in der Mitte leicht zusammendrücken und das Satinband fest um den Filz verknoten.
Zum Schluß am Kopf einen dünnen Aufhängefaden durchziehen und die Mundlinie mit Pluster-Pen aufmalen.
Nach dem Trocknen der Farbe den Mund aufplustern.

Fotos: frechverlag GmbH & Co. Druck KG, 70499 Stuttgart;
Fotostudio Ullrich & Co., Renningen

Auflage: 5. 4. 3. 2. 1. | Letzte Zahlen
Jahr: 1999 98 97 96 95 | maßgebend

frechverlag GmbH + Co. Druck KG, 70499 Stuttgart

ISBN 3-7724-2019-2 · Best.-Nr. 2019

Druck: frechverlag GmbH + Co. Druck KG, 70499 Stuttgart

Textilerzeugnisse aus Filz sind schon seit langem bekannt. Bereits frühzeitig wußten unsere Vorfahren, wie die wärmenden und wasserabweisenden Eigenschaften des Filzes für wetterfeste Bekleidung genutzt werden können. Auch das Basteln mit Filz hat eine lange Tradition.
Der Werkstoff Filz bietet eine Fülle von Möglichkeiten: Er läßt sich in den unterschiedlichsten Techniken verarbeiten und ist außerdem sehr gut mit anderen Materialien wie Tonkarton oder Tonpapier kombinierbar.
Schon Kinder können die einfacheren Techniken anwenden und ihrer Phantasie freien Lauf lassen.
Mit einfachen Mitteln und ohne großen Aufwand entstehen so attraktive Filzfiguren, Puppen, Stabfiguren, Mobiles oder kleine Gestecke. Aus Filz läßt sich eben mehr anfertigen als nur die bekannten Wandbehänge aus den 60er Jahren – aber natürlich dürfen auch in diesem Buch Vorschläge für Wandschmuck nicht fehlen.
Das vorliegende Buch möchte Sie dazu anregen, mit Filz kreativ zu arbeiten. Es möchte Sie einladen, diesen Werkstoff neu zu entdecken.
Ganz gleich, für welches Motiv Sie sich entscheiden, ob Sie Geschenke für Ihre Lieben suchen oder Ihr eigenes Heim verschönern wollen – das Basteln mit Filz bereitet Freude und macht Spaß.

Eine kleine Filzkunde

Im Gegensatz zu anderen Textilien wird Filz nicht gewebt, sondern aus miteinanderverschlungenen Wollfasern oder Tierhaaren gepreßt.
Hitze und Feuchtigkeit, in Verbindung mit hohem Druck und einem Walkmittel, bilden aus den Wollfasern einen festen Krempelvlies, der auf der Rollenfilzmaschine zum eigentlichen Filz weiterverarbeitet wird. Vielen wird der Vorgang des „Verfilzens“ (leider!) von manchen Kleidungsstücken bekannt sein.
Filz ist ein überaus strapazierfähiges Material, trotzdem bleibt er immer geschmeidig. Der hohe Druck, dem der Filz bei der Herstellung ausgesetzt ist, führt zu einer glatten Oberfläche, die ihm einen matten Glanz verleiht.
Im Handel ist der Filz in unterschiedlichen Qualitäten erhältlich. Neben dem „echten“ Naturfilz gibt es auch synthetischen Filz. Dieser ist zumeist etwas dünner und zum Basteln nicht so gut geeignet.
Angeboten wird Filz in Form von rechteckigen Platten, auch Meterware auf großen Rollen ist vereinzelt zu finden.
Eine reiche Auswahl an verschiedenen Farbtönen ist vorhanden.
Jede Grundfarbe ist in mehreren Farbabstufungen erhältlich.

Werkzeug

Den Materialbedarf der einzelnen Motive finden Sie jeweils bei der entsprechenden Beschreibung.
Zum Anfertigen von Schablonen benötigen Sie außerdem Transparent- oder Architektenpapier. Auch normales Butterbrotpapier können Sie hierfür verwenden.

An Werkzeug wird benötigt:

- *Mittelgroße, spitze Schere*
- *Haushaltsschere*
- *Nagelschere*
- *Cutter*
- *Lochzange zum Ausstanzen von Punkten (Augen)*
- *Vorstechnadel*
- *Klebstoff (Alleskleber)*
- *Bleistift*
- *(Metall-) Lineal*

Denken Sie auch daran, beim Arbeiten mit dem Cutter eine Schneideunterlage unterzulegen.
Dicker, fester Karton oder die speziellen Matten aus Hartgummi schützen Tisch- und Arbeitsfläche vor Beschädigungen und erleichtern das Arbeiten.

Das Anfertigen der Filzmotive

Schablonen erstellen

Die Filzmotive werden zunächst als Schablone erstellt. Legen Sie dazu Transparent- oder Architektenpapier auf das gewünschte Motiv der Schnittvorlage, und pausen Sie mit Bleistift die einzelnen Teile ab. Anschließend die Konturen entlang der Bleistiftlinien ausschneiden. Nun die Papierschablone mit Stecknadeln auf dem Filz fixieren und das Motiv an den Kanten exakt ausschneiden. Gegenüber anderen Textilarten besitzt Filz den Vorteil, daß beim Schneiden nicht auf die Laufrichtung von Fäden geachtet werden muß.

Da Filz nicht ausfranst, müssen die Schnittränder anschließend auch nicht abgesteppt oder eingesäumt werden.

Die Schablonen für die Tonkartonteile in gleicher Weise herstellen. Die Schablone auf den Karton legen, mit einem Bleistift die Umrisse sorgfältig umfahren und die Konturen entlang der Bleistiftlinien genau ausschneiden. Rundungen und Aussparungen werden mit einer kleinen, spitzen Schere oder einer Nagelschere ausgeschnitten.

Kleben der Filzmotive

Zum Kleben der Filzteile können Sie Spezial-Textilkleber verwenden. Gut eignet sich aber auch gewöhnlicher Alleskleber.
Zum An- bzw. Verkleben der übrigen Materialien (Tonkarton, Styropor- oder Wattekugeln) ebenfalls Alleskleber benutzen.
Da Filz sehr leicht haftet, kann der Klebstoff äußerst sparsam dosiert werden.
Daher die Filzflächen nur dünn mit Klebstoff bestreichen.

Verwenden von Bügelvlies

Bügelvlies ist eine dünne, ein- oder zweiseitig klebende Haftmasse. Für die Filzarbeiten das zweiseitig klebende Bügelvlies verwenden. Sie können damit Filz, aber auch andere Materialien wie Karton, Bast und Leder, dauerhaft durch einfaches Bügeln miteinander verbinden.
Legen Sie das Bügelvlies auf die linke Seite des Filzes bzw. des aufzubügelnden Materials, und übertragen Sie das Vlies durch Überbügeln. Anschließend schneiden Sie die entsprechenden Motive zu.
Das Trägerpapier abziehen. Nun können Sie das passende Gegenstück aufbügeln oder das Motiv direkt auf den Untergrund applizieren.

Im Gegensatz zu verklebten Filzteilen bleiben die Filzmotive mit Bügelvlies weiterhin geschmeidig und weich. Auch vermeiden Sie damit bei größeren Filzflächen die unschönen, durch Klebstoffreste verursachten kleinen Unebenheiten.

Arbeitshinweise

Ausstopfen der Filzfiguren

Zum Füllen der Filzfiguren verwenden Sie am besten Füll- oder Zauberwatte.
Im Handel wird sie in Packungsgrößen von 50 g bis 1000 g angeboten. Nehmen Sie beim Stopfen nie zuviel Watte auf einmal, sondern füllen Sie die Figur nach und nach mit kleinen Wattebäuschchen.
So vermeiden Sie Luftzwischenräume, die später die Körperform verunstalten könnten. Hilfreich ist dabei ein Stift oder ein dünner Stab, der bis in die Ecken des Motivs reicht.

Verzierungen

Augen und Gesichtskonturen der einzelnen Motive können aufgenäht oder mit Plakatfarben aufgemalt werden. Als Augen können Sie auch sogenannte Wackelaugen aufkleben. Die frei bewegliche Pupille läßt die einzelnen Figuren sehr lebendig wirken. Sie sind im Bastelgeschäft in verschiedenen Größen erhältlich.
Einige Filz- und Tonkartonteile wie die Glückwunschkarten sind mit Plusterfarben bemalt.
Pluster-Pen-Stifte gibt es in mehreren unterschiedlichen Farbtönen. Die Farbe wird dünn aufgetragen und nach dem Durchtrocknen mit dem Fön oder dem Bügeleisen „aufgeplustert“. Durch die Wärme erhalten die Farben eine effektvolle Frottee-Struktur.

Blumentopf mit Veilchen

Bei diesem Veilchen bestehen die Blüten und die Blätter aus Filz.
Die Anzahl der einzelnen Blüten und Blätter richtet sich nach der Größe des gewählten Blumentopfes.

Material:

- *Tonblumentopf*
- *Filz, grün und blau*
- *Staubgefäße*
- *Steckschwamm, eventuell Sand oder Kieselsteine*
- *Draht*
- *Blumenband*
- *Dschungelmoos*

Zuerst die Grundformen der grünen Blätter und der blauen Blüten aus Filz ausschneiden.
Anschließend die Halterung der Staubgefäße herstellen. Dazu mehrere ca. 10 cm lange Drahtstücke zuschneiden (Menge entspricht der Anzahl der Blüten) und jeweils an einem Drahtende eine kleine Schlaufe drehen. 2-3 Staubgefäße zur Hälfte legen und durch die Drahtschlaufe stecken.
Zum Halt die Stiele der Staubgefäße um den Draht wickeln.

Falls Sie Schwierigkeiten haben, die Staubgefäße im Bastel- oder Floristikgeschäft zu erhalten, können Sie sie auch aus feinem Draht und Perlen selbst anfertigen. Schneiden Sie dazu Draht auf ca. 6 cm Länge zu, und befestigen Sie an beiden Enden eine kleine Perle (Wachsperlen oder Rocailles).
In die Blütenmitte ein kleines Loch stechen und den Draht hindurchstecken. Mit etwas Klebstoff die Blüte am Stiel fixieren, dabei die Veilchenblüte von unten in der Mitte leicht zusammendrücken. Sie erhalten so ein natürlicheres Aussehen.
Die Drahtstiele mit grünem Blumenband umwickeln.
Nun die Blätter anfertigen. Hierfür ebenfalls mehrere ca. 10 cm lange Drahtstücke zurechtschneiden und mit Blumenband umwickeln.
Die einzelnen Blattstiele jeweils auf der mittleren Blattlinie (gestrichelte Linie) mit Klebstoff fixieren, dabei darauf achten, daß der Draht nicht ganz bis zur Blattspitze reicht. Diese Seite bildet später die Unterseite der Blätter.
Zum Schluß den Blumentopf arrangieren. Je nach Belieben den Topf mit Steckschwamm oder auch trokkenem Sand oder feinen Kieselsteinen auffüllen.
Die Blätter kreisförmig am äußeren Rand in den Tontopf stecken. Sie können dabei etwas fächerartig übereinanderliegen.
In der Mitte des Blumentopfes die Blüten verteilen.
Noch sichtbares Steckmaterial mit Dschungelmoos abdecken.

Serviettenringe

Material:

- *Filz, dunkelblau, hellblau und grün*
- *Holzserviettenringe*
- *Blumensteckdraht*
- *Blumenwickelband*
- *Holzperlen, 6 mm Ø*
- *Indianerperlen*
- *Satinband*

Die Blüten passend zuschneiden und in die Mitte jeweils ein kleines Loch stechen.
Für die Stiele ca. 20 cm lange Drahtstücke zurechtschneiden. Auf die Enden jeweils eine Holz- und eine Indianerperle stecken.
Die Drahtenden zu einer Öse formen und den Draht so in die Holzperle ziehen, daß die Indianerperle die Öffnung der Holzperle verschließt. Gegebenenfalls mit etwas Klebstoff fixieren. Die Stiele mit den Blüten ergänzen.
Nun die schmaleren Enden der Blätter ebenfalls mit Draht (Länge ca. 12 cm) umwickeln. Anschließend das Blumenwickelband um die Drahtstiele binden.
In die Mitte der Serviettenringe zwei kleine, dicht beieinanderliegende Löcher bohren. Durch die Löcher ein ca. 40 cm langes Satinband ziehen, so daß die Bandenden außerhalb des Ringes herunterhängen. Sie dienen später zum Festbinden des Blumensträußchens.
Jeweils drei Blüten und drei Blätter zu einem kleinen Strauß zusammenstellen.
Aus verschiedenfarbigen Bändern (Länge jeweils ca. 35 cm) eine Schleife binden und diese mit Draht am Strauß befestigen.
Zum Schluß das Blumensträußchen am Satinband festknoten.

Spanschachteln

Mit den gleichen Blüten lassen sich auch Spanschachteln hübsch dekorieren. Die Anzahl der einzelnen Blüten richtet sich nach der Größe der gewählten Schachtel.
Zur Befestigung des Blumensträußchens werden in den Deckel der Spanschachtel zwei Löcher gebohrt. Durch die beiden Bohrlöcher das Satinband ziehen (Bandenden nach außen) und den Blütenstrauß daran festknoten.
Das überstehende Satinband zu einer Schleife binden. Die Schachtel als Geschenkbox, Bonbonniere oder Schmuckschatulle verwenden.
Ein angenehmer Duft verbreitet sich, wenn Sie die Schachtel mit farblich passendem Blüten-Potpourri auffüllen.

Vogelscheuche

Oh, schaut Euch an den Herrn vom Feld!
Er ist des Bauern größter Held.
Soll abhalten all' die Vogelschar,
drum schaut er aus so sonderbar.

Doch die Krähe auf des Scheuchens Seite
denkt gar nicht dran, und sucht das Weite!
Sie flüstert der Vogelscheuch' leis' ins Ohr:
„Sä doch nächt bläde und kän Tor,
verscheuch mäch nächt, sä lieb und nätt,
ich bän doch nächt hungrig, ich bän sätt."

Darüber muß die Vogelscheuche lachen,
denkt gar nicht dran, die Kräh' zu packen.
Nun scheuchen sie zusammen wacker
um die Wett' auf des Bauern Acker!

M. A.

Material:

- *Filz, schwarz, grün, rot und beigefarben*
- *Sisaldraht, 60 cm und 40 cm*
- *Styroporkugel, 10 cm Ø*
- *Stroh, Heu*
- *Baumwollstoff*
- *Nylonband, Schleifenband*
- *Blumendraht*
- *Lederband*

Für den Vogel:

- *schwarzer und gelber Tonkarton*
- *Wattekugeln, 35 mm und 45 mm Ø*
- *Pfeifenputzer*
- *Fellrest*
- *Wackelaugen*

Vogelscheuche

Der Körper der Vogelscheuche besteht aus mit Stroh umwickeltem Sisaldraht. Biegen Sie zunächst die beiden Sisaldrähte, wie in der Abbildung auf Seite 15 gezeigt, zurecht. Für den Armbereich nehmen Sie das 40 cm lange Drahtstück.

Anschließend Bein- und Armteil mit Blumendraht an den gekennzeichneten Stellen fest zusammenbinden. Den so gebildeten Körper großzügig mit Stroh umwickeln und die einzelnen Strohlagen mit dünnem Nylonband fixieren. Das Stroh sollte über Arm- und Beinenden herausragen.

Mit Plakatfarbe die Styroporkugel grundieren. Nun die Spitze einer Nadel erhitzen und in die Styroporkugel ein Loch brennen, daß der Halsansatz aus Sisaldraht darin Platz findet und verklebt werden kann.

Soll die Vogelscheuche später aufgehängt werden, muß zusätzlich ein längeres Stück Blumendraht an der Halsbiegung befestigt werden.

Diesen Draht durch den Kopf ziehen, oben herausführen, eine kleine Öse biegen und das Aufhängeband durchziehen.

Der „Herr vom Feld“ kann auch als Dekoration in einen Obst- oder Gemüsekorb gesteckt werden. Dazu wird unten am Sisalkörper mit Draht ein Rundstab befestigt. Den Rundstab beim Umwickeln sofort in die Figur miteinarbeiten.

Hose: Die Hose aus schwarzem Filz zweimal zuschneiden. Die Filzteile aufeinanderlegen und die Seitennähte und die innere Beinnaht mit kleinem Steppstich schließen.

Die Filzhose wenden und die Nähte ausbügeln. In die Hosenbeine einige Löcher schneiden. Anschließend der Vogelscheuche die Hose überstreifen und an der Taille ein Lederband als Gürtel umknoten. Mit der Schere die Hosenbeine zackig einschneiden. Durch die Hosenlöcher einige Strohhalme zupfen.

Jacke: Das Rückenteil einmal, das Vorderteil zweimal zuschneiden. Die Jacke an den Schultern und den Seiten zusammennähen. Die Jacke wenden. Anschließend die Nähte ausbügeln. Den Kragen nach außen umlegen und ebenfalls bügeln. Die Löcher unterhalb des Kragens mit einer Lochzange einstanzen. Mehrere Filzflicken aufnähen und die Jacke überziehen. Ein Lederband durch die Kragenlöcher ziehen und locker verknoten. Die Jackenärmel und den unteren Jackenrand zackig einschneiden. Anschließend einige Löcher in die Jacke schneiden und etwas Stroh herauszupfen.

Haare: Für die Perücke Heu verwenden. Mehrere ca. 30 cm lange Heuhalme in der Mitte zusammennähen und auf den Kopf kleben. Die Heuhaare zusätzlich mit kleinen v-förmigen Drahtstücken fixieren, denn die Perücke läßt sich so besser plazieren.

Hut: Den Filzkreis (26 cm Ø) einmal bis zur Mitte einschneiden und zu einem flachen Kegel formen.

Die Ränder aufeinanderkleben. In einem Randabstand von 5 cm einen

Kräuselfaden hindurchziehen und den Faden zusammenziehen. Entlang der Kräuselkante ein Lederband kleben. Die Enden freilassen und miteinander verknoten. Das Band über die Krempe herunterhängen lassen. In das Hutoberteil ein Loch schneiden.
Nun den Hut auf den Kopf setzen, durch die Öffnung etwas Heu ziehen und herausschauen lassen.
Um den Hals der Vogelscheuche ein Dreiecktuch aus Baumwollstoff knoten. Das Gesicht der Vogelscheuche mit Plakatfarbe gestalten.
Als Nase ein kleines Aststück aufsetzen. Dazu einen Drahtstift in den Ast bohren, zusätzlich Klebstoff auftragen und die Nase in den Styroporkopf stecken.
Krähe: Zunächst die beiden Wattekugeln schwarz grundieren.
Mit einem Stück Pfeifenputzer und etwas Klebstoff den Kopf (kleinere Wattekugel) mit dem Körper zusammenstecken.
Anschließend mit dem Cutter in das Kopfteil einen Halteschlitz für den Schnabel und in den Körper den Einschnitt für den Schwanz schneiden.
Den Schnabel einmal aus gelbem Tonkarton anfertigen. Die Flügel doppelt und den Schwanz einmal aus schwarzem Tonkarton zuschneiden. Nun den Schnabel entlang der gestrichelten Linie zur Hälfte falten und in den Kopfschlitz kleben. Ebenso den Schwanz am Vogelkörper anbringen.
Die beiden Flügel seitlich am Körper fixieren. Die Wackelaugen aufkleben.
Mit dem Fellrest den Kopf ergänzen. Anschließend einen Draht in den Vogelbauch stecken und die Krähe an einem Arm der Vogelscheuche andrahten.
Als Aufhängeband ein 1 m langes und 2,5 cm breites, kariertes Schleifenband durch die Drahtöse ziehen und die Enden miteinander verknoten.
Das Aufhängeband mit einer Baumwollschleife und mehreren bunten Bändern verzieren. Zur Dekoration ein kleines Strohbündel anknoten.

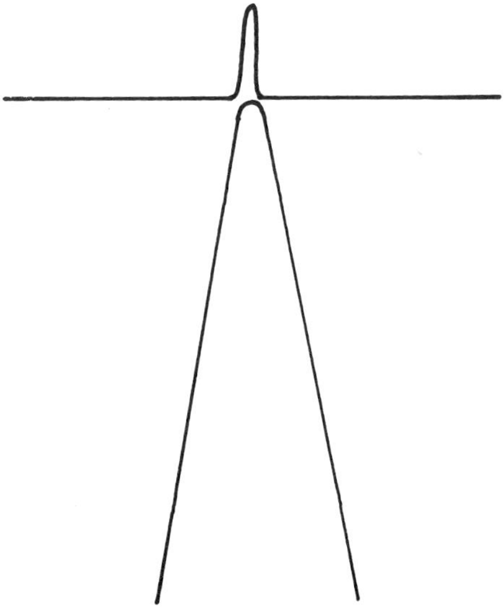

„Biegen der Sisaldrähte“

Fliegenpilze

Material:

- *Filz, rot und weiß*
- *Watteeier, 5 cm und 6 cm*
- *Rundholz, Schaschlikstäbchen*
- *Dschungelmoos*
- *Schleifenband*
- *Weißer Pluster-Pen*

Die Hütchen der Fliegenpilze bestehen aus rotem Filz. Für den großen Fliegenpilz benötigen wir einen Filzkreis mit einem Durchmesser von 7 cm.

Der Hütchendurchmesser des kleinen Pilzes beträgt 5,5 cm. Jeden Filzkreis einmal bis zur Mitte hin einschneiden (gestrichelte Linie). Hier wird das Pilzhütchen später zusammengeklebt. Zunächst mit weißem Pluster-Pen unterschiedlich große Punkte auf den Filz malen.

Nach dem Antrocknen der Farbe die Punkte von der Rückseite mit einem Bügeleisen oder einem Fön aufplustern.

Die Punkte erhalten so einen leichten Frottee-Effekt und wirken plastisch.

Alternativ können Sie für die Punkte auch weißen Filz verwenden.

Die Filzpunkte mit Bügelvlies unterlegen und aufbügeln. Anschließend die Filzhütchen an der geraden Schnittkante etwas übereinanderlegen und mit Klebstoff fixieren.

Die Hütchen auf das schmalere Ende der Watteeier kleben.

Zum Schluß mit Plakatfarbe lustige Gesichter aufmalen.

Die endgültige Dekoration der Fliegenpilze können Sie nach Belieben arrangieren.

Stecken Sie die Pilze einfach mit etwas Blumendraht in eine Grünpflanze (z. B. Bubikopf), oder legen Sie eine flache Schale mit Moos aus, und stecken Sie die Pilze dort hinein.

Mit der Stabfigur, dekoriert mit rotem und grünem Schleifenband und einigen Perlen, haben Sie ein nettes Mitbringsel, das schnell anzufertigen ist.

Hexentanz

Material:

- *Filz, rot, grün, blau und gelb*
- *hellbrauner Tonkarton*
- *Wollfäden*
- *Wackelaugen*

Den Hexenkörper einmal aus hautfarbenem oder hellbraunem Tonkarton zuschneiden. Das Kleid und das Kopftuch jeweils einmal aus Filz anfertigen. Das Kleid der Hexe zur Hälfte falten (gestrichelte Linie), um den Körper wickeln und oben am Halsansatz ankleben.

Die beiden offenen Kleiderkanten zusammenkleben.
Für die Haare ein Bündel ca. 14 cm langer, dünner Wollfäden zuschneiden. Die Wollfäden auf beiden Kopfseiten gleichmäßig verteilen und mit Klebstoff fixieren. Das Kopftuch plazieren und beidseitig an der vorderen Kante mit dem Kopf verkleben. Den angedeuteten Knoten des Tuches ebenfalls zusammenkleben. Mit einem dünnen, schwarzen Filzstift die Mundlinie aufzeichnen und die Wackelaugen aufsetzen.
Das Kleid mit den kleinen, farbigen Filzherzen verzieren.

Tip: Die Hexe läßt sich schnell zu einem hübschen Mobile erweitern. Dazu genügt ein einfacher Besen aus Bast, eine Katze oder ein Rabe aus Filz, und der Hexenspuk kann beginnen.

Emma, die Kuh

Material:

- *Filz, weiß, schwarz und rosafarben*
- *Füllwatte*
- *Bügelvlies*
- *Wollreste*
- *Metallglöckchen*
- *Hellblaues Schleifenband*
- *Weiße Kordel*

Der Körper von Emma besteht aus zwei Teilen: dem großen Rumpf und dem Kopf, beide mit Füllwatte ausgestopft.

Zu Beginn den Rumpf, den Kopf, die Innenohren und die einzelnen Flecken jeweils doppelt aus Filz zuschneiden. Euter und Maul einfach aus rosafarbenem Filz anfertigen. Die Innenohren und das Maul mit Hilfe von Bügelvlies auf Emmas Kopf bügeln. Die schwarzen Flekken deckungsgleich auf der Vorder- und auf der Rückseite des Rumpfteiles anordnen und ebenfalls mit Bügelvlies aufbügeln.

Anschließend als Kuhschwanz eine ca. 8 cm lange weiße Kordel aus Wolle drehen, und für die Stirnhaare mehrere ca. 4 cm lange schwarze Wollfäden zuschneiden.

Nun das Rumpfteil links auf links legen und knappkantig mit einem schmalen Steppstich zusammennähen. Dabei die Schwanzkordel und das Euter zwischenfassen.

Am Rücken, etwa in Schulterhöhe, eine Öffnung lassen, und die Kuh mit Füllwatte ausstopfen. Nun die Öffnung zusteppen. Ebenso Emmas Kopf nähen und mit Füllwatte ausstopfen.

Dabei nicht vergessen, die schwarzen Wollfäden für den Haarpony zwischen den Hörnern mitanzunähen. Anschließend die Stirnhaare nach vorn ins Gesicht herunterschlagen und nochmals entlang der Kante schmal absteppen. Mit der Hand den Kopf seitlich am Hals annähen. Für das Schwanzende aus schwarzem Filz ein Rechteck von 5 x 3 cm zuschneiden und an einer Längsseite fransig einschneiden. Auf die andere Längsseite Klebstoff geben und das Filzteil um das Kordelende wickeln. Zusätzlich einen dünnen, schwarzen Zwirnfaden um die Klebestelle wickeln und verknoten. Die Filzfransen leicht nach außen drücken. Die Augen entweder als Wackelaugen aufkleben oder Augen und Nasenlöcher mit schwarzer Stoffmalfarbe aufmalen.

Und da Kühe ohne Kuhglocke undenkbar sind, erhält Emma als krönenden Abschluß ein Schleifenband mit Metallglöckchen um den Hals gebunden. Gut Muuhh!!

Leo, der Löwe

Material:

- *Filz, gelb, hellbraun und schwarz*
- *Füllwatte*
- *Bügelvlies*
- *Gelbes Baumwollband*
- *Braune Wollreste*
- *Wackelaugen*
- *Schwarzer Pluster-Pen*

Den Löwenkörper und den Kopf jeweils doppelt aus gelbem Filz zuschneiden.
Die beiden Ohren, die Nase und die Löwenmähne einfach aus Filz anfertigen.
Mit Bügelvlies auf dem vorderen Kopfteil die Nase applizieren.
Anschließend die Mundlinie und die Bartstoppeln dünn mit Pluster-Pen auftragen.
Nach dem Antrocknen der Farbe die Gesichtskonturen mit dem Bügeleisen von der Rückseite her aufplustern.
Nun zunächst das hintere Kopfteil, dann die Mähne, die Ohren und zum Schluß das vordere Kopfteil mit dem Gesicht nach außen aufeinanderlegen und feststecken.
Die Filzteile entlang der Kopflinie knappkantig zusammensteppen.
Am Kinn eine kleine Öffnung lassen.
Den Kopf mit Füllwatte ausstopfen und das Kinnloch vernähen.
Die beiden Rumpfteile ebenfalls deckungsgleich aufeinanderlegen und knappkantig miteinander versteppen.
Ein Fülloch offen lassen, den Rumpf ausstopfen und die Naht gut verschließen.
Mit kleinen Stichen die Hinterseite des Kopfes am Löwenkörper annähen.
Aus gelben Woll- oder Baumwollfäden eine Kordel drehen und die Schwanzkordel hinten am Löwen befestigen.
Als Abschluß aus braunen Wollresten eine Quaste formen und am Schwanzende annähen.
Zum Schluß die Wackelaugen aufkleben und die Mähne vorsichtig rundherum fransig einschneiden.

Bunte Früchte

Material:
- *Verschieden-farbiger Filz*
- *Bügelvlies*
- *Holzperlen*
- *Sprühstärke*

Die einzelnen Früchte bestehen jeweils aus vier gleichen Filzteilen. Die grünen Blätter sind zusätzlich mit Bügelvlies hinterbügelt.
Zuerst die verschiedenen Früchte anfertigen.
Die vier Filzteile deckungsgleich aufeinanderlegen und an der gestrichelten Linie durchsteppen. Am oberen Ende den Steppfaden etwas länger lassen und hier das Blatt befestigen.
Dazu wird der Faden genau auf die mittlere Blattlinie gelegt, das Blatt anschließend zur Hälfte gefaltet und zusammengebügelt.
Nun die Früchte fächerartig auseinanderbügeln und mit Sprühstärke fixieren. Unten noch jeweils eine kleine Holzperle befestigen.
An einen Zweig gehängt, bilden die Filzfrüchte zur Herbstzeit einen attraktiven Zimmerschmuck.
Auch als Mobile wirken sie sehr dekorativ.

Mobile „Hühnerhof“

Material:
- *Filzreste*
- *Tonkarton*
- *Mobiledraht*
- *Holzperlen*

Die Tonkartonfiguren gemäß der Vorlage zuschneiden.
Mit einer Lochzange die Augen ausstanzen. Die Öffnungen zwischen den Beinen mit dem Cutter heraustrennen.

Anschließend die Filzschwänze fransig einschneiden und auf die Kartonhühner kleben. Die Tiere mit farbig passendem Nähgarn am Mobiledraht aufhängen.
Die Enden des Mobiledrahtes mit Holzperlen verzieren.

Mobile „Juni-Käfer"

Wenn die Tage länger werden, krabbeln die Juni-Käfer wieder aus ihren Verstecken hervor. Begrüßen Sie mit diesem lustigen Mobile die warme Jahreszeit.

Material:

- *Filz, rot, schwarz, blau und grün*
- *Tonkarton, schwarz*
- *Metallglöckchen*
- *Wackelaugen*
- *Bügelvlies*
- *Sprühstärke*

Die Grundform des Käfers einmal aus schwarzem Tonkarton zuschneiden. Am Kopf beidseitig die Wackelaugen aufkleben.
Die Flügel einmal aus rotem Filz anfertigen. Die sechs schwarzen Filzpunkte mit Bügelvlies ergänzen und auf die Flügel bügeln. Einen roten Faden durch den Halsansatz (gestrichelte Linie) ziehen und die Käferflügel zusammenkräuseln. Nun die Flügel dem Marienkäfer um den Hals legen und vorn mit einer kleinen Schleife verschließen.

Die blaue Blüte besteht aus vier gleich großen Filzteilen. Alle Blütenteile deckungsgleich aufeinanderlegen und entlang der gestrichelten Linie mit kleinen Steppstichen zusammennähen. Vorsichtig die einzelnen Blütenblätter auseinanderbügeln und mit Sprühstärke fixieren. Am oberen Ende einen Aufhängefaden anbringen. Mit Hilfe von Bügelvlies das Blatt am Aufhängefaden befestigen.

(Weiter auf Seite 24)

Zum Schluß mit einer Nadel in die Fuß- und die Handspitze des Käfers jeweils ein Loch stechen.
Durch diese Löcher den Aufhängefaden fädeln und Käfer und Blüte verbinden. Die Blüte zusätzlich mit einem Metallglöckchen verzieren.
Mit mehreren dieser Juni-Käfer bunte Mobiles gestalten oder als Blickfang den Käfer einzeln an einen Zweig hängen.

Maikäfer

Material:

- *Filz, hellbraun und dunkelbraun*
- *Wollpompons*
- *Braune Pfeifenputzer*
- *Holzperlen*
- *Tonkarton, grün und schwarz*
- *Sprühstärke*

Die Grundform des Maikäfers besteht aus zwei Wollpompons. Die Pompons wie beim Marienkäfer beschrieben anfertigen. Für den Körper benötigen Sie zwei ovale Pappscheiben mit den Maßen: innen 2 cm, außen (Längsachse) 8,5 cm.
Die Kopfmaße betragen innen 2 cm und außen 4 cm.
Beide Wollpompons zusammenbinden.
Als Fühler einen braunen Pfeifenputzer durch die Kopfkugel stekken.
Die beiden Enden des Pfeifenputzers mit Holzperlen verzieren und die Pfeifenputzer-Enden umbiegen.
Nun aus Filz die beiden Flügelpaare zuschneiden.
Das hellbraune Paar auf das dunkelbraune legen und die Flügel an den oberen Rändern mit braunem Nähgarn am Maikäfer annähen.
Auf das obere Flügelpaar Sprühstärke sprühen und die Flügel etwas nach oben biegen.
Aus Tonkarton die Beine und das Blatt anfertigen. Nachdem die Beine angebracht wurden, wird der Maikäfer auf das Blatt geklebt.

Marienkäfer

Material:

- *Filz, rot und schwarz*
- *Wollpompons*
- *Schwarze Pfeifenputzer*
- *Bügelvlies*
- *Tonkarton, grün und schwarz*

Der Körper und der Kopf des Marienkäfers bestehen aus je einem schwarzen Wollpompon. Im Bastelfachgeschäft finden Sie Packungen mit Fertigschablonen zum Anfertigen solcher Wollpompons.
Doch man kann diese Schablonen auch schnell selbst anfertigen.
Dazu benötigen Sie stabile Pappe, die zu zwei Ringen mit den folgenden Innen- bzw. Außendurchmessern zugeschnitten wird: Körper außen 5,5 cm, innen 2 cm; Kopf außen 4 cm, innen 2 cm.
Zuerst den Körperpompon anfertigen.
Dazu die beiden Pappringe jeweils in mehreren Lagen mit schwarzer Wolle umwickeln.

(Weiter auf Seite 26)

Mit einer Schere alle Wollfäden an der äußeren Rundung durchschneiden, wobei die Schere zwischen den beiden Pappringen entlang geführt wird.
Anschließend ein Stück Wolle oder Nylonband von ca. 40 cm Länge an der aufgeschnittenen Naht um die beiden Ringe zwei- bis dreimal herumwickeln und verknoten. Nun vorsichtig die Pappscheiben abziehen.
Das Wollebällchen mit einer Schere so beschneiden, daß es rund und sauber aussieht.
Der Pompon für den Kopf des Marienkäfers wird genauso hergestellt.
Anschließend den Kopf und den Körper des Marienkäfers miteinander verbinden.
Die Fühler aus 10 cm langem Chenilledraht (Pfeifenputzer) herstellen, durch den Kopf ziehen und die Enden mit einer Rundzange zu kleinen Kugeln zusammenbiegen bzw. -rollen.
Die Flügel aus rotem Filz zuschneiden. Mit Bügelvlies die schwarzen Punkte hinterbügeln. Die Punkte ausschneiden und auf die Flügel bügeln.
Mit rotem Faden die beiden Flügel am Marienkäfer befestigen.
Beine und Blatt aus Tonkarton ausschneiden. Die Beine ankleben und zum Schluß den Marienkäfer auf das Blatt setzen.

Bunter Clown

Material:
- *Filz, gelb, rosa- und violettfarben*
- *Styropor- oder Wattekugel*
- *Wollreste*
- *Füllwatte*
- *Schleifenband*
- *Baumwollspitze*
- *Rote Holzperlen*

Zu Beginn den Kopf des Clowns anfertigen. Der Kopf besteht aus einer eiförmigen Styropor- bzw. Wattekugel. Mit Plakatfarbe die Kugel rosafarben grundieren, anschließend das Gesicht farbig gestalten. Die Nase kann auch als Extra-Kugel (rote Holzperle) aufgesetzt werden. Für den Haarkranz aus dünner, roter Wolle eine ca. 8-9 cm lange Luftmaschenkette häkeln. Eine Reihe fester Maschen darüberhäkeln. Hier können nun beliebig viele Haare aus 4 cm langen Wollfäden angeknüpft werden. Den Haarkranz am Styroporkopf ankleben.
Nun das Körper- und das runde Bodenteil je einfach, Hände und Arme jeweils doppelt aus Filz zuschneiden. Den Körper zur Hälfte falten und die beiden geraden Kanten aufeinandersteppen. Auf diese Weise entsteht ein offener Kegel. Das Bodenteil an der unteren, großen Öffnung des Kegels ansetzen und mit kleinen Steppstichen vernähen.
Den Filzkegel umstülpen und mit Füllwatte ausstopfen.

Durch den Halsrand einen dünnen Faden fädeln und leicht zusammenkräuseln, dabei links und rechts an der Schulter die Ärmel mitfassen und annähen. Die Hände unter die Ärmelenden kleben. Als Knöpfe bunte Holzperlen aufnähen. Anschließend Kopf und Körper zusammenbinden. Mit einer Stricknadel den Styroporkopf mittig durchstechen. Einen langen, festen Faden am Hals des Filzkörpers verknoten und von unten durch den Kopf ziehen. Dieser Faden dient auch als Aufhängung. Sie können dafür auch doppelt gelegtes Schleifenband verwenden. Die Halskrause besteht aus weißer Wäschespitze. Dazu ein ca. 20 cm langes und 3 cm breites Stück Baumwollspitze kräuseln und um den Hals binden. Abschließend aus 70 cm langen, bunten Bändern eine Schleife binden und diese mit dem Aufhängefaden verknoten.

Wandbehang „Hahn"

Material:

- *Untergrund: Leinenstoff, 22 cm x 22 cm*
- *Seitenteile: 4 Baumwollstreifen, je 6 cm x 4 cm*
- *Rückseite: Baumwollstoff, 30 cm x 30 cm, Vlieseline, 30 cm x 30 cm*
- *4 Aufhängeschlaufen, 4 cm x 8 cm*
- *Rundholz, Länge 30 cm, ca. 5-6 mm Ø*
- *2 Holzkugeln mit einseitiger Bohrung, ca. 5-6 mm Innendurchmesser*
- *Filz, weiß, rot und gelb*
- *Wackelauge*
- *Bügelvlies zum Applizieren*

Zu Beginn den Filz mit Bügelvlies hinterbügeln, die Motive übertragen und ausschneiden. Anschließend den eigentlichen Wandbehang anfertigen. Bei den obigen Stoffmaßen sind die Nahtzugaben überall inbegriffen. Zunächst je einen Stoffstreifen an der oberen und unteren Kante rechts auf rechts, ca. 1 cm von der Schnittkante entfernt, an den Leinenstoff (Untergrund) nähen. Die Streifen nach außen bügeln und die Ansatznähte knappkantig absteppen.

Anschließend die beiden restlichen Seitenstreifen annähen und ebenfalls nach außen bügeln.

Die schrägen Ecknähte schmal einschlagen und auf dem oberen bzw. unteren Stoffstreifen feststecken. Nun die Schrägen und die Längskanten knappkantig absteppen.

Den Baumwollstoff für die Rückseite mit Vlieseline verstärken.

Die Aufhängeschlaufen rechts auf rechts legen und ca. 1 cm von der Schnittkante entfernt zusammennähen. Die Schlaufen wenden und schmal absteppen.

Nun das Rücken- und das Vorderteil des Wandbehanges rechts auf rechts legen und die Baumwollschlaufen von innen gleichmäßig an der oberen Kante verteilen.

Den Wandbehang ca. 1 cm breit absteppen, dabei an der unteren Kante eine Öffnung zum Wenden lassen.

Den Wandbehang wenden, bügeln und knappkantig absteppen.

Zum Schluß die Filzmotive auf dem Wandbehang anordnen und aufbügeln.

Wer Lust hat, kann die einzelnen Motive noch mit einem Langettenstich umsticken.

Das Wackelauge des Huhnes ergänzen. Das Rundholz durch die Schlaufen ziehen und die beiden Holzperlen jeweils auf ein Ende des Holzstabes kleben.

Glückwunschkarte „Huhn" (Abb. Seite 29)

Das Huhn des Wandbehanges eignet sich auch sehr gut als Applikation für eine Glückwunschkarte.

Die fertige Karte ist 11 cm breit und 15 cm hoch. Zur Herstellung der Karte ein 22 cm x 15 cm großes Rechteck aus Tonkarton zuschneiden. Die Mittellinie leicht einritzen. Der Karton läßt sich nun einfach knicken.
Die Einzelteile aus Filz zuschneiden und nacheinander auf die Kartonkarte kleben.
Zum Schluß das Huhn mit seinem Wackelauge ergänzen. Besonders elegant wirkt die Karte, wenn Sie die Ränder mit einer Schneidemaschine oder einer Zackenschere leicht fransig schneiden.

Wandbehang „Dinosaurier"

Material:

- *Baumwollstoff, 70 cm x 140 cm*
- *Verschiedenfarbiger Filz*
- *Rundholz, 80 cm lang, 2 cm ø*
- *Bügelvlies*

Besonders effektvoll wirken diese Dinosaurier auf einem Stoffbehang mit Gräsermotiven.
Der fertige Wandbehang hat die Maße 60 cm x 70 cm.

Den Baumwollstoff rechts auf rechts zur Hälfte legen und an den offenen Kanten entlang zunähen, dabei an der oberen Naht eine Öffnung zum Wenden lassen.
Den Stoff wenden und die Nähte ausbügeln und schmal absteppen. Die obere Stoffkante ca. 7 cm nach hinten umschlagen und abnähen, so daß eine Art Stofftunnel entsteht, durch den später der Aufhängestab gezogen wird.
Nun den Filz mit Bügelvlies hinterbügeln und die einzelnen Dinosauriermotive vom Schnittmuster auf den Filz übertragen.
Die Motive ausschneiden.
Anschließend die Filzteile auf dem Wandbehang verteilen und aufbügeln. Abschließend die Dinosaurier mit den Wackelaugen ergänzen.

Puppen zum Selbermachen

Stabfiguren

Material:

- *Filz, grün, gelb, braun und hautfarben*
- *Wollreste*
- *Füllwatte*
- *Baumwollspitze*
- *Rundholz, 30 cm lang, 4 mm Ø*
- *Knöpfe*
- *Wackelaugen*
- *Perlen*

Lausbub

Den Kopf aus hautfarbenem Filz doppelt zuschneiden. Anschließend die beiden Hälften mit kleinen Steppstichen zusammennähen, dabei 6 cm lange Wollfäden als Haare zwischenfassen und ca. 4 cm überstehen lassen. Im Halsbereich zunächst eine Öffnung lassen.

Die Wollhaare gleichmäßig zur Stirn und zum Hinterkopf hin verteilen, und die Fäden jeweils unterhalb des Haaransatzes mit etwas Klebstoff fixieren. Mit der Schere den Stirnpony nachschneiden.

Nun den Rundstab in die Öffnung stecken und den Eintrittspunkt kennzeichnen. In die markierte Stelle eine schmale Kerbe sägen. Hier werden nach dem Ausstopfen des Kopfes Hals und Stab mit einem Faden verbunden, so daß das Rundholz später nicht verrutschen kann.

Den Stab wieder in das Halsloch schieben und um den Stab herum den Kopf gleichmäßig mit Füll- oder Zauberwatte ausstopfen. Das Halsloch verschließen und den Holzstab fixieren.

Vorder- und Rückenteil des Hemdes knappkantig aufeinandersteppen, dabei an den Ärmelenden die Hände zwischenfassen.

Den Halsausschnitt einkräuseln, über den Halsansatz des Kopfes ziehen und das Hemd mit kleinen Stichen befestigen.

Mit der Zackenschere ein buntes Dreiecktuch aus Baumwollstoff zuschneiden und um den Hals knoten.

Das Hemd mit den aufgenähten Knöpfen verzieren.

Abschließend das Gesicht des Lausbubs gestalten. Die Wackelaugen aufkleben und als Nase eine rote Perle aufnähen. Die Mundlinie mit Stoffmalfarbe aufmalen.

Stabhäschen

Der Häschenkopf besteht aus zwei Filzlagen. Mit kleinen Steppstichen den Kopf zusammennähen, dabei die Halsöffnung offen lassen.

Wie beim Lausbub beschrieben den Befestigungspunkt für den Rundstab abmessen.

Anschließend das Rundholz in das Halsloch schieben und den Häschenkopf gleichmäßig mit Füllwatte ausstopfen.

Die Halsöffnung schließen und das Rundholz an der Kerbe fixieren.

(Weiter auf Seite 34)

Die beiden Hemdteile an den Seiten knappkantig aufeinandersteppen, dabei die Pfoten zwischenfassen. Den Halsausschnitt mit einem passenden Faden einkräuseln, über den Halsansatz ziehen und das Kleidchen mit kleinen Handstichen annähen. Die Halskrause besteht aus einem ca. 20 cm langen und ca. 3 cm breiten Stück Wäschespitze. Einen Faden einziehen, die Spitze kräuseln und um den Hals binden. Mit schwarzem Sticktwist das Nasenkreuz aufsticken.

Das Gesicht mit den Wackelaugen ergänzen. Abschließend die bunten Knöpfe auf das Hemd nähen.

Plastische Filzpuppen

Material:

- *Verschiedenfarbiger Filz*
- *Füllwatte*
- *Holzkugel mit einseitiger Bohrung*
- *Fellreste*
- *Wollreste*
- *Holzperlen*
- *Pluster-Pen*

Für Mobiles:
- *Ringschraube*
- *Mobiledraht*

Nicht nur als Spielpuppen für Kinder sind diese Filzfiguren geeignet. Auch als Dekorationspüppchen kommen sie gut zur Geltung.
In kleinerer Ausführung verzieren sie als Talisman so manchen Autoinnenspiegel, oder aber mehrere Figuren bilden als Mobile einen Blickfang.
Um solch plastisch wirkende Figuren anzufertigen, muß beim Ausschneiden der Grundform der Filz doppelt gelegt werden.
Die Filzpüppchen anschließend mit kleinen Stichen zusammennähen, wobei der Halsbereich vorerst ausgespart bleibt. Zum Ausstopfen der Figur Füll- oder Zauberwatte verwenden. Füllen Sie die Figuren am besten mit Hilfe eines Stiftes, der auch die Ecken gut erreichen kann. Zum Schluß die Halsöffnung fest vernähen.
Der Kopf der Filzpuppen besteht aus einer Holzkugel mit Bohrung. In das Bohrungsloch Klebstoff geben und das Halsende der Filzfigur in die Holzkugel einpassen und fest verkleben. Die Gesichter und die Haare können Sie unterschiedlich gestalten.
Als Haare eignen sich Fellreste, Zauberwatte oder schmale Filzstreifen. Die Gesichter werden mit Plakatfarbe aufgemalt und, falls notwendig, lackiert. Als Nasen kleine Holzperlen aufkleben.

Den letzten Pfiff geben bunte Filzhütchen oder -mützen, die zusätzlich mit farbigen Perlen verziert oder mittels Pluster-Pen bunt gemustert werden.
Wenn die Figuren als Mobile verwendet werden, muß am oberen Kopfende eine kleine Ringschraube eingedreht werden. Durch diese kann später eine Kordel oder ein Aufhängefaden gezogen werden.

Mädchentrio

(Abbildung Seite 34)

Die Haare sind aus verschiedenfarbigen Wollresten gestaltet.

Die Wollfäden auf eine Länge von ca. 15 cm zuschneiden, in der Mitte zusammensteppen und auf die Mädchenköpfe kleben. Mit buntem Schleifenband die Zöpfe binden.

Für die Filzhütchen kleine Filzkreise mit einem 8 cm großen Durchmesser ausschneiden.

Die Filzkreise bis zur Mitte hin einschneiden und zu einem flachen Kegel zusammenkleben. Ca. 1,5 cm vom Rand entfernt einen Faden durchziehen und kräuseln.

Einen Aufhängefaden am Kopf befestigen und von innen durch den Hut ziehen. Abschließend den Filzhut auf die Haare kleben.

Sandmann-Mobile

(Abbildung Seite 35)

Die Haare und der Bart des Sandmanns bestehen aus Zauberwatte. Die Zipfelmütze wird an den geraden Kanten übereinandergelegt und zusammengeklebt.

Anschließend den Aufhängefaden durch die Mütze ziehen und an der Ringschraube verknoten.

Am unteren Mützenrand Klebstoff auftragen und die Filzmütze am Kopf bzw. den Haaren fixieren.

Die Sterne doppelt ausschneiden und jeweils auf eine Sternhälfte Bügelvlies geben.

Die Sterne zusammenbügeln, dabei den Aufhängefaden mittig zwischenfassen.

Die Wolke ist ebenfalls plastisch gearbeitet. Beim Zusammennähen der Wolke den Aufhängefaden sofort zwischenfassen, da der Halt des Sandmanns somit größer wird.

Die Öffnung zum Ausstopfen der Wolke nicht vergessen!

Handpuppen

Gestalten Sie mit diesen Handpuppen Ihr eigenes Puppentheater.

Die Grundform für das Kleid ist immer dieselbe. Die einzelnen Figuren können durch verschiedenfarbige Kleider und unterschiedliche Mützen leicht abgewandelt werden.

Der Kopf der Handpuppe ist aus geschliffenem Buchenholz.

Der Holzkopf ist unten mit einer großen Bohrung zum Einstecken des Fingers versehen.

Am konisch zulaufenden Halsansatz wird das Kleid befestigt.

Till Eulenspiegel

Material:

- *Filz in Gelb, Blau, Rosa, Schwarz und mehreren Violett- und Pinktönen*
- *Holzkopf*
- *Schwarze Wollfäden*
- *Grüne Holzperlen*
- *Metallglöckchen*
- *Füllwatte*

(Weiter auf Seite 38)

Kleid:
Die Grundform für das Kleid doppelt, die Hände einfach zuschneiden.
Vorder- und Rückenteil entlang der Schulter-, Arm- und Seitennähte knappkantig zusammensteppen, dabei die Hände an den Ärmelenden von innen zwischenfassen.
Das Kleid wenden und die Nähte glattbügeln.

Weste:
Die Filzweste aus verschiedenen Violett- und Pinktönen zuschneiden. An Schulter und Seiten etwas Nahtzugabe zurechnen. Die Schulter- und Seitennähte schließen, die Weste wenden und ausbügeln. Kleine grüne Holzperlen als Knöpfe annähen.

Mütze:
Sie besteht aus jeweils zwei pinkfarbenen und blauen Filzstreifen. Beim Zuschneiden die Nahtzugabe nicht vergessen.
Die gleichfarbigen Filzstreifen entlang der Mittelnaht aneinandernähen und die Naht ausbügeln. Nun die so entstandenen zwei Mützenhälften rechts auf rechts legen und knappkantig zusammensteppen, dabei die untere gerade Kante offen lassen.
Die Mütze wenden und die Nähte glatt bügeln.
Mit Füllwatte locker ausstopfen und die Naht verschließen.
An den beiden Zipfelenden je ein Metallglöckchen befestigen.

Haare:
Circa 15 cm lange Wollfäden zuschneiden und die Fäden entlang der Mittellinie (Scheitel) auf der Nähmaschine mit kleinen Stichen zusammennähen.
Die Haare zunächst nur entlang der Scheitellinie auf den Holzkopf kleben. Die Wollfransen gleichmäßig nach allen Seiten hin verteilen und zusätzlich mit etwas Klebstoff fixieren. Nun die Mütze, schräg von der Stirn zum Hinterkopf verlaufend, aufsetzen und am inneren Mützenrand verkleben. Mit der Schere die Haare nachschneiden.

Die Weste und das Kleid mit den schwarzen Filzsymbolen verzieren. Einen farblich passenden Faden durch die Halsöffnung des Kleides ziehen und das Kleid am Halsansatz des Kopfes befestigen. Die Weste überziehen.
Abschließend mit Bastelfarbe Augen und Mund gestalten. Für die Wangen etwas Creme-Rouge auftragen.

Zauberer

(Abbildung Seite 37)

Material:

- *Filz, gelb, dunkelblau, rosa, pink und violett*
- *Holzkopf*
- *Schaschlikstäbchen, 10-12 cm lang*
- *Goldpapier*
- *Golddraht*

Kleid und Haare des Zauberers werden entsprechend der Beschreibung Till Eulenspiegels gearbeitet.

Umhang:
Den Filzumhang nach der Vorlage zuschneiden.
Mit einer Lochzange die kleinen Löcher an der oberen Kante einstanzen.
Eine Goldkordel durchziehen und vorn am Hals des Zauberers zu einer Schleife binden.

Zauberhut:
Den Hut mit etwas Nahtzugabe an den Längskanten aus dunkelblauem Filz zuschneiden. Den Filz entlang der Längskanten aufeinandersteppen. Nun den Hut wenden und die Naht ausbügeln.

Mit den gelben Filzsternen den Hut, den Umhang und das Kleid verzieren. Das Gesicht mit Plakatfarben gestalten und etwas Creme-Rouge auf die Wangen auftragen.

Den Zauberstab aus einem ca. 10-12 cm langen Schaschlikstäbchen anfertigen.
Den Stab mit Goldpapier und Golddraht umwickeln und mit kleinen Stichen an einem Arm befestigen. Die Hand des Zauberers zum Stab hin biegen und ankleben.
Die Spitze des Zauberstabs mit mehreren Goldfäden verzieren.

Blumenpüppchen

Material:
- *Bunte Filzreste*
- *Figurenkegel aus Holz*
- *Grünes Band*

Die Körper dieser Blumenpüppchen bestehen aus kleinen Figurenkegeln. Sie sind aus gedrechseltem Holz und werden im Bastelfachgeschäft in diversen Größen angeboten. Die Kegel dieser Holzpüppchen sind ca. 6 cm hoch.

Das Anfertigen der kleinen Figuren ist kinderleicht. Für die Kopfbedeckung der Blumenkinder die große und die kleine Blütenform je einmal ausschneiden. Den Umhang ebenfalls einfach aus Filz anfertigen. An der inneren runden Kante des Umhangs ein dünnes grünes Band durchfädeln. Hier kann der Umhang später geschlossen werden.

Nun zuerst die große Blüte auf den Mittelpunkt (Scheitelpunkt) des Kopfes kleben und anschließend die kleinere Blüte mittig darauf fixieren.

Den Umhang unterhalb des Kopfes umlegen und die Fadenenden miteinander verknoten. Abschließend die Gesichter der Holzfiguren mit Farbe und Pinsel aufmalen.

Diese bunten Püppchen eignen sich auch sehr gut als Spielkegel für die unterschiedlichsten Brett- und Würfelspiele. Sie sollten in diesem Fall kleinere Holzkegel für die Figuren verwenden und zur besseren Unterscheidung auch die Umhänge aus verschiedenfarbigen Filzresten anfertigen.

A
a
B

Steckfiguren

(Abbildung Seite 43 und 45)

Wenn Sie den Clown, den Hasen oder die Maus in Ihre heimischen Zimmerpflanzen stecken, erhalten Sie einen hübschen und dekorativen Blumenschmuck.

Clown

Material:

- *Filz, dunkelblau, gelb und grün*
- *Wattekugel, 5 cm Ø*
- *Wattekugel, 13 mm Ø oder kleine Perle für die Nase*
- *Rundholz, 4 mm Ø*
- *Schwarzer Fellrest*
- *Rotes Schleifenband*
- *Metallglöckchen*
- *Holzperlen*

Zuerst wird das Rundholz mit etwas Klebstoff in der Wattekugel befestigt. Anschließend den schwarzen Haarkranz (Fellrest) halbkreisförmig am Hinterkopf aufkleben. Den grünen Hut aus Filz ausschneiden und an der gestrichelten Linie zu einem Kegel zusammenkleben.

Die roten Perlen aufnähen und den Hut auf dem Kopf fixieren. Nun das Clownsgesicht gestalten. Die Augen mit blauer und die Mundlinie mit roter Plakatfarbe aufmalen. Damit das Gesicht lebendiger wirkt, werden die Augen jeweils mit einem weißen Lichtpunkt ergänzt.

Die kleine Wattekugel (Ø 13 mm) rot anmalen und mittig auf den Kopf des Clowns kleben.

Für die Stabilität der Nase wird zusätzlich eine Stecknadel (ohne Kopf) als Verbindung in Nase und Kopf gesteckt.

Dann die beiden Streifen für die Halskrause aufeinanderlegen und an den beiden oberen Kanten einen festen Faden durchfädeln.

Den Faden eng zusammenziehen und unterhalb des Kopfes um den Rundstab binden.

Zusätzlich die Halskrause mit etwas Klebstoff fixieren, denn sonst könnte sie herunterrutschen. Das rote Schleifenband zu einer doppelten Schleife binden.

Die Schleife in der Mitte mit einem dünnen Draht umwickeln und das Drahtende von unten in den Clownskopf stecken.

Kleine Metallglöckchen an die Enden des Schleifenbandes knoten.

Steckfiguren

Maus und Hase

Material:

- *Filz, hellbraun und dunkelbraun*
- *2 Watteeier, ca. 6 cm Ø*
- *Schleifenband, 35 cm x 2,5 cm*
- *Rundholz, 35 cm lang, 4 mm Ø*
- *Schwarzer Zwirn*

Zu Beginn die Watteeier mit Plakatfarbe grundieren. Für die Ohren der Maus zwei Filzkreise aus hellbraunem Filz zuschneiden. Die Kreise jeweils bis zur Mitte hin einschneiden.

Anschließend die Schnittstellen etwas übereinanderkleben, so daß sich die Ohren leicht nach innen wölben. Ebenso die länglichen Hasenohren aus dunkelbraunem Filz anfertigen.

Nun einen Rundstab in jeweils eine Längsseite der Watteeier stechen und das Rundholz mit dem Ei verkleben. Mit einem Cutter seitlich am Hinterkopf zwei ca. 18 mm lange Einschnitte ritzen. Hier die Ohren einschieben und verkleben.

Die Gesichter mit Bastelfarbe gestalten. Mit einer Nadel schwarzen Zwirn als Schnurrbarthaare durchziehen.

Abschließend der Maus und dem Hasen unterhalb des Kopfes je eine bunte Schleife umbinden.

Fingerpuppen

(Abbildung Seite 46)

Im Kinderzoo herrscht heute große Aufregung. Clown Pupu hat seinen Besuch angekündigt. Zuerst schauen alle Tiere zu, doch dann treiben sie selbst ihren Schabernack mit dem bunten Clown.

Fingerpuppen sind so winzig, daß sie überallhin mitgenommen werden können. Dieses Minitheater hilft, Ihren Kindern auf langen Autofahrten die Langeweile zu vertreiben.

Material:

- *Filzreste, bunt*
- *Wackelaugen*
- *Bügelvlies*
- *Schwarze Wollfäden*
- *Schwarzer Zwirn*

Clown Pupu

Mund und Nase mit Bügelvlies auf das vordere Kopfteil bügeln.

Anschließend beide Kopfhälften zusammensteppen, dabei seitlich am Kopf mehrere Wollfäden als Haarbüschel zwischenfassen.

Die Wackelaugen befestigen. Augenbrauen und Mundlinie mit Stoffmalfarbe aufzeichnen.

Hahn

Die beiden Kopfhälften an den Außenkanten zusammennähen und dabei den Kamm, den Schnabel und den Kehllappen zwischenfassen.

Die Wackelaugen aufkleben.

Fingerpuppen

Fisch

Mit Hilfe von Haftvlies die roten Kopfteile auf die Grundform aufbügeln. Anschließend die beiden Fischhälften aufeinandersteppen, dabei die Rükken- und die Schwanzflosse zwischenfassen.
Die Halskontur durchsteppen. Den Kopf mit den Wackelaugen ergänzen.

Schwein

Die Nase aufbügeln und mit Stoffmalfarbe die beiden Nasenlöcher andeuten. Dann die Wackelaugen aufkleben.
Die beiden Ohren einschneiden, etwas übereinanderlegen und zwischen die Kopfhälften schieben. Den Schweinekopf zusammensteppen.

Hase

Die beiden Kopfteile zusammensteppen und die Innenohren ebenfalls aufsteppen oder mit Hilfe von Haftvlies aufbügeln. Die Nase aus schwarzem Filz aufkleben und dabei mehrere ca. 8 cm lange Zwirnfäden unterschieben. Die Augen plazieren.

Wichtig: Bei allen Figuren müssen die unteren Ränder zum Hineinschlüpfen offen gelassen werden.

Greiflinge (Abb. Seite 47)

Kleinkinder erfahren ihre Umwelt mit den Händen. Greiflinge helfen, den Tastsinn zu entwickeln. Für die zarten Babyhände müssen sie weich und anschmiegsam sein. Mit Füllwatte ausgestopfte Filzfiguren sind daher sehr gut dafür geeignet.

Material:
- *Verschiedenfarbige Filzplatten*
- *Füllwatte*
- *Wackelaugen*
- *Schleifenband*
- *Metallglöckchen*

Die Grundform von Hase und Gänschen werden doppelt ausgeschnitten und die beiden Hälften anschließend zusammengesteppt, wobei zunächst eine kleine Öffnung am Rücken gelassen wird.
Die Figuren mit Füllwatte ausstopfen – benutzen Sie dazu als Hilfe einen Stift, der bis in die Ecken reicht. Anschließend die Öffnung gut vernähen.
Die Flügelkonturen des Gänschens mit kleinem Steppstich nähen.
Beim Schneemann zuerst jeweils ein Hutteil mit der unteren Kante am Vorder- und Rückenteil anstеppen. Auf dem Vorderteil zusätzlich mit klein eingestelltem Zick-Zack-Stich die Mundlinie andeuten und die Möhrennase applizieren.
Anschließend den Schneemann zusammensteppen, unten eine Öffnung lassen und die Figur mit Watte füllen.
Die Öffnung zunähen. Zum Schluß die Greiflinge mit den Wackelaugen ergänzen.
Dem Hasen und der Gans ein Schleifchen umbinden und eventuell ein kleines Metallglöckchen anbringen.

Glücksschwein

Material:
- *Filz, rosafarben und grün*
- *Bügelvlies*
- *Aufhängefaden (rosa Satinband)*
- *Satinband, grün und rosa*
- *Wackelaugen*

Das doppelseitige Bügelvlies auf den rosafarbenen Filz bügeln und darauf die Konturen des Glücksferkels übertragen und ausschneiden. Anschließend die Form nochmals auf den rosafarbenen Filz aufbügeln und dabei den Aufhängefaden und das Schwänzchen jeweils aus rosafarbenem Satinband zwischenfassen. Die Konturen nachschneiden.
Die Ohren zweimal zuschneiden, an der gestrichelten Linie einschneiden und etwas übereinanderkleben. Die Schweineohren mit Klebstoff beidseitig am Kopf fixieren.
Mit den Wackelaugen das Gesicht ergänzen und am Schwanzende einen Knoten knüpfen.
Für das Kleeblatt grünen Filz mit Vlies hinterbügeln, die Umrisse auf die Rückseite zeichnen, ausschneiden und nochmals auf ein Stück Filz bügeln, wobei der Aufhängefaden zwischengefaßt wird.

Die Blattform ausschneiden. Als Dekoration je ein ca. 70 cm langes Stück rosafarbenes und grünes Satinband gemeinsam zu einer Schleife binden und am Aufhängefaden anknoten.

Glückwunsch-karten

Material:

- *Tonkarton*
- *Filz*
- *Rotes Satinband*
- *Bügelvlies*
- *Roter Pluster-Pen*

Herzlichen Glückwunsch

Die eigentliche Kartenform aus grünem Tonkarton zuschneiden. Den Karton entlang der gestrichelten Linie falzen.
Anschließend die Karte zu einer Doppelkarte in Herzform falten.
Das rote Filzherz auf die Karte kleben oder mit Hilfe von Bügelvlies aufbügeln.
Rotes Satinband auf eine Länge von 45 cm kürzen und das Band um die Knickkante der Glückwunschkarte binden, wobei die losen Enden etwa gleichlang nach unten fallen sollten.
Die Herzen am Ende des Satinbandes sind zweiteilig.
Sie werden mit Vlies verstärkt, das Satinband wird zwischengelegt und zusammengebügelt.
Gegebenenfalls die Konturen nach dem Bügeln nochmals nachschneiden. Den Schriftzug in leicht geschwungener Form mit Pluster-Pen auftragen, wobei die Buchstaben dünn mit einem Bleistift vorgezeichnet werden können.
Nach dem Antrocknen der Farbe die Schrift aufplustern. Die Karte erhält so ein edles Aussehen.

Kleine Bären gratulieren

Kleine Kinder freuen sich bestimmt über diese lustigen Bärenkarten.
Als Grundform dient hier die gleiche Herzform wie bei der Glückwunschkarte. Auch diese wird mit einem Satinband umknotet und mit roten Herzen verziert.
Die applizierten Bären werden aus Filz ausgeschnitten und mit Bügelvlies hinterbügelt.
Anschließend mit dem Cutter die Arm- und Beinkonturen einritzen. Die Teile auf der Kartenvorderseite verteilen und nacheinander aufbügeln.
Mit diesen Bären können Sie außer Glückwunschkarten auch Spanschachteln oder kleine Papiertüten verschönern.

-lichen
Glückwunsch

Geschenktüten

Falls Sie häufig ausgefallene Geschenke machen und Schwierigkeiten haben, dafür die richtige Geschenkverpackung zu finden, dann nehmen Sie doch in Zukunft diese Papiertüten. Viele unterschiedliche Materialien bieten sich zur Herstellung an.
So können Sie z.B. Tonpapier, Packpapier, Geschenkpapier und sogar alte Tapetenreste verwenden.

Material:
- *Tapetenreste*
- *Dunkelgrünes Tonpapier*
- *Filz, rot und schwarz*
- *Geschenkband*
- *Kordel*
- *Grüner und roter Pluster-Pen*

Für die Marienkäfertüte, mit der man sicherlich nicht nur kleine Geburtstagskinder erfreuen kann, haben wir ein altes Tapetenmusterbuch mit Motiven fürs Kinderzimmer „geplündert“. Die Größe der Tragetasche hängt von Form und Ausmaß des Geschenks ab.
Suchen Sie etwas, das in etwa die Maße der fertigen Tüte hat, z.B. ein dickes Buch, einen Schuhkarton oder auch nur eine Kassettenhülle. Wichtig ist nur, daß die Form rechteckig ist. Anschließend messen Sie den Umfang der Form und schneiden den Tapetenrest entsprechend zu. Damit die Öffnung der Tüte später einen sauberen Abschluß bekommt, wird ein Tütenrand ca. 2 cm nach innen umgeschlagen und verklebt. Wickeln Sie nun die Tapetenbahn straff um die Form, und kleben Sie die Naht auf der Rückseite fest. Die Unterseite, die den Tütenboden bildet, einklappen (so, wie Sie normalerweise ein Geschenk verpacken) und verkleben. Hier dürfen Sie ausnahmsweise reichlich Klebstoff verwenden, damit der Boden auch ausreichend stabil wird. Die Klebestelle gut trocknen lassen. Alternativ können Sie zur Verstärkung auch ein Stück Pappe in den Boden legen. Nun die Form herausgleiten lassen. Die beiden Seitenteile ebenfalls nach innen knicken und mit den Fingern zu einer scharfen Kante zusammendrücken.
Abschließend mit einem Locher in die Vorder- und die Rückseite je zwei Löcher stanzen, ca. 2 cm vom Tütenrand entfernt. Die Tasche mit einer Kordel oder buntem Geschenkband verschließen.
Nun die Marienkäfer aus Filz auf die Tüte applizieren. Für die Flügel jeweils ein Dreieck aus rotem Filz zuschneiden. Die beiden Endpunkte an der Längsseite des Dreiecks jeweils einzeln zur oberen Spitze hin falten. Sie erhalten somit ein Quadrat. In die obere, d.h. die auseinanderklaffende Quadratspitze eine Rundung schneiden (gestrichelte Linie). Flügel und Kopf auf die Tüte kleben und die Flügel zusätzlich mit den Punkten verzieren. Das obere Flügelpaar etwas hochdrücken.
Abschließend den Namen des Beschenkten mit Pluster-Pen aufmalen.

Lisa
Gabriel

Brautpaar

Dieses Brautpaar ist ein lustiges Geschenk zur Hochzeit. Welches Jubelfest auch immer angesagt ist - ob silberne oder goldene Hochzeit gefeiert wird oder ob ein junges Paar den ersten Schritt in eine gemeinsame Zukunft wagt - auf eine gute Flasche Wein gesteckt, sind Braut und Bräutigam überall gern gesehene Gäste.

Material:

- *Filz, weiß, schwarz und rosafarben*
- *Dunkelgrauer Tonkarton*
- *Satinband*
- *Weißes Taftband*
- *Tüllstoff, 12 cm x 16 cm*
- *2 Holzkugeln mit einseitiger Bohrung*
- *Wollfäden*
- *Wachsperlen*
- *Draht*

Das Brautkleid doppelt aus weißem Filz und die Jacke des Bräutigams doppelt aus schwarzem Filz zuschneiden.
Die Hände für jede Figur zweimal aus rosafarbenem Filz anfertigen.
Die Kleidungsstücke jeweils knappkantig aufeinandersteppen, dabei die Hände zwischenfassen.
Jacke und Kleid unten offen lassen.
Die Halsenden in das Bohrloch der Holzkugel kleben.
Der Braut einen Kragen aus ca. 12 cm langer, gekräuselter Spitze umbinden.
Die Fliege des Bräutigams aus weißem Satinband befestigen.
An Jacke und Kleid kleine Wachsperlen annähen.
Den Zylinder aus Tonkarton anfertigen. Nach der Vorlage Krempe und Oberteil zuschneiden. Bei der Krempe die dreieckigen Falzkanten nach oben knicken, mit Klebstoff bestreichen und das Oberteil rundherum ankleben.
Die obere Zylinderöffnung mit dem Deckel verschließen.
Oberhalb der Krempe schmales Taftband umwickeln und festkleben.
Aus dem Tüllstoff den Brautschleier zuschneiden. An der langen Seite, ca. 1,5 cm vom Rand entfernt, einen dünnen Faden durch den Tüll fädeln und den Faden zusammenziehen.
Auf dünnen Draht kleine weiße Wachsperlen aufreihen und zu einem Kränzchen von ca. 3 cm Durchmesser biegen. Mit kleinen Stichen den Tüllschleier von innen her am Kränzchen annähen.
Die Haare bestehen aus Wollperücken.
Für das Haarteil der Braut mehrere ca. 16-18 cm lange Wollfäden nebeneinanderlegen und entlang der Mitte aneinandernähen.
Die Perücke aufkleben, dabei den Scheitel von der Stirn aus über den Hinterkopf in den Nacken führen.
Die Perücke des Bräutigams aus ca. 8-10 cm langen Wollfäden anfertigen.
Den Zylinder auf den Kopf des Bräutigams kleben.

Den Tüllschleier der Braut mit kleinen Stichen am Kopfscheitelpunkt aufnähen und das Perlenkränzchen zusätzlich vorne mit etwas Klebstoff fixieren. Abschließend die Gesichter mit Bastelfarbe gestalten.

Im frechverlag sind weitere Bücher zu interessanten Kreativ-Themen erschienen. Hier eine Auswahl:

TOPP 1868

TOPP 1874

TOPP 1942

TOPP 1949

TOPP 1951

TOPP 1987

TOPP 2000